AF262324

L40
46
2587

DISCOURS

SUR

LES DANGERS DE LA PATRIE,

PAR M. BONNAIRE,

Lu à la Société des Amis de la Constitution de Bourges, le 22 Juillet, l'an quatrième de la Liberté, & imprimé par son ordre.

CITOYENS, la patrie est en danger ; la voix de vos législateurs, & plus encore la joie indécente de nos ennemis a du vous l'apprendre. Des légions nombreuses

A

s'avançent à grandes journées, & bientôt une explosion terrible va donner le signal de cette lutte sanglante qui doit offrir pour résultat la liberté ou l'esclavage de de l'Europe entière. Les voilà donc au comble de leurs vœux, ces hommes de sang, ces Français dénaturés qui n'ont fui leur patrie que pour mieux déchirer son sein, & qui se flattent du criminel espoir d'y rentrer bientôt sur des monceaux de ruines! Les voilà satisfaits ces patriciens insolens qui veulent retrouver dans des fleuves de sang leurs titres égarés; ces prêtres fanatiques qui n'ont cessé de distiller leur venin dans tous les cœurs, & qui ont fait de la religion l'arme des méchans & l'instrument des persécuteurs. Déjà, dans leur aveugle confiance, ils croient voir le colosse monstrueux du despotisme relevé par leurs mains, l'empire de la raison & des loix éteint pour jamais, & le joug féodal & théocratique péser de nouveau sur nos têtes. Les insensés! Eh! quand bien même ils parviendroient à étouffer la liberté naissante, parviendroient-ils à étouffer les lumières qui depuis quelque temps les ont fait apprécier les uns & les autres à leur juste valeur?

Mais, citoyens, on vous l'a déjà dit, & on ne peut trop vous le répéter, en déclarant le danger de la patrie, le corps législatif n'a pas voulu jetter l'allarme dans vos cœurs; c'est seulement un éveil donné à la nation, c'est pour l'avertir que le patriotisme doit être plus ardent, les précautions plus nombreuses & plus efficaces, & le dévouement à la chose commune plus entier de la part des ci-toyens. Nous triompherons sans doute des vœux criminels de nos ennemis, nous triompherons de la ligue des potentats ; un pressentiment secret me dit que cet affreux orage, qui semble devoir nous foudroyer, retombera sur la tête coupable des conspirateurs. Il ne faut pas cepen-dant se dissimuler que le danger est pres-sant, la crise décifive, & que de grands devoirs viennent de vous être imposés. Ce sont ces devoirs que je voudrois vous faire connoître, ô citoyens; en vous sou-mettant ce tribut de quelques réflexions, je crois rendre un hommage à la patrie, & je m'estimerai trop heureux fi, pour prix de mon zèle, je parviens à nourrir dans vos cœurs le feu de la liberté & la haine des tyrans.

La patrie n'est plus pour vous, ô citoyens,

cette marâtre impitoyable que vous ne connoissiez que par les sacrifices qu'elle exigeoit de vous, par ses extorsions odieuses, par la distinction injuste qu'elle mettoit entre les citoyens & les citoyens, par les avantages & les honneurs dont elle combloit les uns, le mépris & l'opprobre dont elle couvroit les autres. Aujourd'hui c'est une mère tendre qui compense les plus légers sacrifices par des biens inestimables, qui vous voit tous du même œil, qui veille sur vos intérêts avec la même sollicitude ; c'est un ange tutélaire, garant perpétuel de vos propriétés & de votre vie, c'est un bouclier fidèle qui repousse toutes les atteintes qu'on voudroit porter aux droits que vous tenez de la nature. Telle est, ô citoyens, la Divinité bienfaisante que la constitution française a substitué à l'ambition, à la cupidité, aux caprices d'un seul homme ; aussi doit-elle être le centre de vos affections, tout intérêt particulier doit disparaître devant le sien. Elle a droit de vous redemander à chaque instant vos biens, votre vie même, puisque vous n'en jouissez que par ses bienfaits ; & lorsqu'elle invoque le secours de ses enfans, malheur à l'homme ingrat qui n'oublie pas tout à l'instant pour ne voir que cette mère éplorée; malheur au lâche qui ne lui feroit pas un rempart de son corps! Mais, ô citoyens, ces imprécations ne retomberont jamais sur vous; je sais qu'au premier fignal vous vous arracheriez, s'il le falloit, des bras d'un père, d'une épouse, & qu'après avoir donné quelques larmes à la nature, vous auriez bientôt consommé le sacrifice. Eh bien, citoyens, ne croyez pas qu'on doive appeler ce dévouement une acte de vertu, c'est un devoir, & le premier de tous; & fi la patrie demandoit vos bras, & qu'un de vous fût capable de balancer un instant, ce n'est pas un vrai citoyen, il ne connoît pas le prix de la liberté, il ne mérite pas d'en jouir.

Espérons cependant que cette nuée d'esclaves vomis par le nord disparoîtra tôt ou tard devant la jeunesse guerrière que l'amour de la patrie a fait voler au milieu des dangers : espérons que nous ne serons pas tous forcés d'abandonner ce que nous avons de plus cher, de laisser nos villes défertes & nos terres incultes pour aller chercher dans le champ de bataille la liberté ou la mort. D'ailleurs ne faut-il pas une force reprimante dans l'intérieur de l'empire ? N'avons-nous pas au milieu de nous des traîtres plus dangereux mille fois que les armées combinées de François & de Fréderic. Si tous n'agitent pas dans leurs mains le glaive homicide, tous du moins, avec l'arme du mensonge & de la calomnie, suscitent sans cesse à la liberté de nouveaux ennemis, ils la défigurent, ils lui prêtent leurs passions & leurs vices, & en font ainsi un tableau hideux propre à aliéner les esprits foibles & crédules. Souvenez-vous donc, citoyens, que, même dans vos foyers, vous êtes en état de guerre ; la patrie vous a postés, comme des sentinelles vigilantes, pour sonner à la moindre allarme le tocsin contre les conspirateurs. Que le soin de votre famille, de votre champ, de votre moisson, que les embarras domestiques ne vous fassent pas oublier l'interêt commun ; soyez d'abord citoyens, c'est là la première, comme la plus belle de vos prérogatives ; échangez de tems en tems la serpe & la faucille avec la pique & la bayonnette, consacrez au maniement des armes les momens de votre loisir, afin qu'à la voix de vos magistrats vous puissiez leur offrir avec du courage & de l'intrépidité les utiles leçons de l'expérience.

C'est dans cette attitude imposante que vous ferez trembler les hommes pervers qui osent vous braver aujourd'hui; c'est alors que vous verrez pâlir le front des vils intrigans qui vous assiègent. Mais sur-tout, citoyens, point de petites passions; abjurez les haines, les dissentions particulières; la patrie doit absorber tous vos sentimens, toute votre existence. N'oubliez jamais que vous êtes tous de la même famille, tous enfans d'une mère commune, & qu'ainsi vos intérêts sont communs. Ralliez-vous donc, pressez-vous fortement les uns contre les autres, c'est ainsi que vous triplerez vos forces; qu'une douce intimité s'établisse entre vous, que la concorde, la fraternité resserrent les liens qui vous unissent déjà comme citoyens; & les jours de repos, au lieu de dissiper en un instant le fruit de vos sueurs, & de chercher à égarer votre raison par des excès, faites-la présider à vos entretiens familiers; rechauffez mutuellement vos ames, préservez-les de cette torpeur funeste qui ne vous feroit voir les chaînes qu'on vous prépare que quand vous en sentiriez le poids. Prenez enfin les mœurs graves & austères qui conviennent à un peuple libre ; au lieu de cette joie grossière qui énerve & dégrade, accoutumez-vous à goûter des jouissances plus délicates, plus dignes de l'homme. Quelle source intarissable n'en trouverez-vous pas dans le souvenir des époques mémorables de la révolution française, dans les fêtes civiques, dans l'exercice de souveraineté du peuple, &c...? Quel intérêt ne doivent pas vous présenter les discussions politiques de nos représentans, les décrets salutaires qui émanent du sanctuaire de la loi les succès des soldats de la liberté contre les despotes coalisés ; voilà les plaifirs du vrai citoyen, ce sont les seuls dignes de vous : avec ces mœurs, vous vous rendrez bientôt respectables à vos propres yeux & aux yeux des nations étrangères ; & vous vengerez le nom françois fi indignement outragé dans presque toutes les cours de l'Europe.

Une autre mesure indispensable dans ces circonstances orageuses, c'est d'écarter pour jamais loin de vous, loin de vos épouses & de vos enfans, ces fanatiques furieux qui plus d'une fois peut-être ont porté le trouble & l'allarme dans vos consciences. Si vous voulez conserver la paix dans vos cœurs & dans le sein de vos familles, éloignez ces hommes hypocrites, moins occupés des intérêts du ciel que de ceux de la terre, qui vous parlent sans cesse de la Divinité à laquelle la plupart n'ont peut-être jamais cru, de la religion qu'ils ont toujours profanée, qui gémissent avec vous sur les troubles qu'ils fomentent, sur les malheurs qu'ils suscitent, sur les excès qu'ils provoquent, sur les dangers de la guerre qu'ils attisent, qui calomnient les amis de la liberté qui éclairent leurs ténébreuses démarches, enfin, qui ont osé peut-être faire des vœux criminels en votre présence pour que l'étranger vint à travers des fleuves de sang relever l'empire sacerdotal que la raison & la philosophie ont condamné à un éternel mépris. Ah ! s'il en est parmi vous qui aient pu se laisser égarer par ces insinuations perfides, qui aient cru un instant que l'amour de la paix, qu'un véritable zèle pour la religion animoit ces hommes pervers, qu'ils fassent amende honorable à la patrie, qu'ils abjurent à l'instant leur erreur? Ne vous y trompez pas, citoyens : le prêtre honnête homme, celui dont la conscience timorée voit dans les nouvelles loix un outrage fait à la Divinité, gémit en secret sur la décadence de la religion ; il est aveugle, mais il n'est pas séditieux ; il laisse le ciel punir ses propres injures, & n'a pas la présomption de croire que Dieu lui ait remis le soin de sa vengeance. Mais ces prêtres turbulens qui s'insinuent dans les familles pour y souffler le feu de la discorde, qui se prétendant les apôtres de la religion, ne prouvent leur mission que par l'excès des passions & des vices ; le ciel les désavoue ; s'ils étoient ses véritables ministres, il faudroit le haïr.

Surveillez donc ces hommes dangereux, épiez avec soin leurs démarches, & ne vous laissez jamais surprendre par leur hypocrisie ; que le regard imperturbable du citoyen les effraye sans cesse, qu'il déconcerte leurs projets & les fasse constamment tourner à leur honte.

Mais si jamais la plus entière confiance a dû être le prix des travaux & des veilles de vos administrateurs, c'est aujourd'hui sans doute que vous leur devez particulièrement ce témoignage de votre reconnoissance & de votre estime. Voyez comme à la voix de la patrie, ils oublient leurs intérêts, le soin de leurs récoltes, pour accourir au poste périlleux où ils ont été élevés par vos suffrages. Tandis que votre surveillance s'exercera dans votre ville, dans votre hameau, placés sur un plus haut théâtre, ils porteront leurs regards sur tout ce qui vous environne; ils savent que le danger de la patrie prescrit des mesures extraordinaires; que dans cette crise orageuse, une tolérance excessive seroit un crime, & armés de toute la rigueur de la loi, ils frapperont de son glaive toutes les têtes coupables. Ce sont les pilotes chargés de la direction du vaisseau, c'est à vous à faire ensorte qu'un défaut de manœuvre ne le fasse pas briser contre les écueils; soyez-donc dociles à leur voix, laissez vous diriger par leurs sages conseils: ils peuvent à chaque moment reclamer le secours de vos bras & de votre courage; venez à ce signal vous ranger autour deux, c'est la patrie qui vous parlera par leur bouche, & s'ils vous montrent le danger, sachez vous y précipiter à l'instant, certains d'y trouver la victoire ou l'immortalité.

Nous touchons à l'instant critique : attendez-vous, ô citoyens, que le choc terrible dont nous sommes ménacés, ébranlera peut-être les fondemens de la souveraineté nationale ; peut-être les premiers pas des peuples vers la liberté seront-ils marqués par des désastres & des malheurs ; peut-être votre sang coulera-t-il..... Mais pourvu que vos derniers regards vissent faire les rebelles devant nos légions victorieuses, j'aime à croire que vous sauriez braver la mort avec le front intrépide d'un Spartiate ou d'un Romain ; ou si, par une fatalité cruelle, l'ennemi triomphant devoit anéantir la liberté, vous ne seriez point assez lâches pour regretter la vie de l'esclavage. Non, la tombe fut-elle entr'ouverte sous vos pas, vous y descendrez avec courage, mais après l'avoir entouré de cadavres ; vous mourrez s'il le faut, mais vous ne mourrez pas sans vengeance. Déjà nos aveugles ennemis s'imaginent faire plier devant eux l'arbre vigoureux de la liberté comme un frêle roseau ; ils osent, ô citoyens, vous traiter de lâches que l'amour de la nouveauté a pu égarer un instant, mais qui, à la moindre menace, demanderont eux-mêmes leurs anciens fers : Seroit-il donc vrai que le mot de liberté n'eut été que sur vos lévres & qu'il ne fut pas gravé en traits de feu dans vos cœurs? Seroit-il vrai que vous fussiez disposés à tendre les mains au premier tyran qui voudra vous enchaîner? Ah! le supposer un instant, c'est vous faire le plus senfible outrage : Non, non, vous n'êtes point des lâches; vous êtes les vrais amis de la liberté, & les rebelles audacieux connoîtront à la force de vos coups que vous êtes ses plus fermes appuis. . . . .

. . . .

Je ne sais si je me fais illufion, ô citoyens, mais il me semble que la critique la plus sévère sera forcée de respecter les motifs qui dictent de tels conseils aux amis de la constitution; il me semble que leur morale ne doit pas vous paroître destructive de tout gouvernement, de tout ordre social : venez-donc, venez toujours au milieu d'eux puiser des règles de conduite. C'est en faisant

le bien qu'ils se vengeront des calom-
nies répandues dans toute l'Europe contre
leurs principes ; voilà leur seule réponse
à ces généraux, à ces ministres, à ces
législateurs à qui un groupe de Jacobins
paroît causer plus de frayeur que les
armées confédérées de la Prusse & de
l'Allemagne. Aussi, malgré tant d'ennemis puissans, les sociétés populaires sub-
sisteront-elles toujours ; elles subsisteront malgré les diatribes de Kaunitz &
de Lafayette, elles subsisteront malgré
la secte feuillantine, malgré la cour, &
malgré les libellistes qu'elle soudoye. Le
corps législatif, lui-même, ne peut priver
les citoyens d'un droit que la constitution
leur assure. Continuez donc de venir vous
instruire avec eux, ils auront toujours
quelques avis utiles à vous donner ; ils
vous diront encore, qu'après le courage,
une constance inébranlable est la vertu
des peuples libres, que de grands revers
paroissent être la suite inévitable des
trahisons & des perfidies dont nous com-
mençons à connoître l'odieuse trame ;
qu'il faudra les apprendre avec le calme
de la raison & avec le sentiment profond
de vos forces ; qu'en vain un déluge de
barbares inonderoit plusieurs Départe-

mens, que du sang de nos guerriers naîtroient de nouveaux défenseurs de la patrie, qui feroient bientôt de la France une pépinière de héros; ce seroit l'hydre de la fable toujours renaissante, toujours terrible, eût-elle été d'abord terrassée d'un coup de massue.

Aussi je ne crains point une guerre ouverte, je crains une paix insidieuse; je ne crains pas qu'on enchaîne votre courage, je crains qu'on ne surprenne votre bonne foi; je crains que vous ne repoussiez pas avec toute l'indignation de la liberté, l'homme qui oseroit vous proposer de composer sur vos droits; je crains, qu'après tant d'orages, vous n'embrassiez avec trop de chaleur l'image du repos, sous quelque forme qu'il se présente; en un mot, une amnistie désastrueuse, voilà ce que je crains aujourd'hui pour la France. Quoi! citoyens, vous demanderiez grace à des rebelles; vous souffririez qu'on traitât de sédition l'élan généreux d'un peuple vers la liberté; vous consentiriez à voir vos droits foulés aux pieds, votre constitution sappée par les bases, & l'autorité arbitraire substituée à l'empire des loix, à la précieuse égalité! Ah! si votre propre bonheur ne vous touche pas assez, songez du moins à la postérité. Que votre imagination s'élance au milieu des générations naissantes; voyez-les s'élever contre vous & vous dire avec indignation : la Déesse de la liberté est venu vous visiter & vous l'avez chassée de vos climats; vous avez connu vos droits, & vous n'avez pas su les maintenir; encore un pas & c'en étoit fait de la tyrannie, & vous avez rétrogradé; votre sort, celui de vos enfans, celui de l'univers peut-être étoit entre vos mains, & quelques dangers, quelques sacrifices vous ont effrayé! O peuple lâche & servile, tu meritois de ramper; mais falloit-il nous condamner à un éternel esclavage!

Citoyens, je lis dans vos cœurs, vous ne meriterez point ces reproches, vous préferérez la mort à une vie infâme, vous en avez fait le serment à la face du ciel, & il ne sera point vain. Levez-vous donc tous, il en est tems : levez-vous, respectables cultivateurs que la cupidité nobiliaire & sacerdotale faisoit souvent périr d'inanition au milieu des plus riches trésors de la terre, & dont la constitution vient d'ennoblir & de venger l'utile profession ; levez-vous artisans estimables, industrieux artistes dont le génie ou l'adresse ne seront plus entravés par les privilèges exclufifs accordés à la fortune de quelques particuliers ; levez-vous encore, malheureuses victimes de l'autorité arbitraire que le génie de la liberté vient d'arracher à la fureur des tyrans ; venez combattre pour la cause de tous les peuples ; & vous, dont une multitude d'impôts désastrueux & avilissans dévoroit la subsistance, vous , hommes de tous les états, de toutes les fortunes, que l'orgueil insensé de ce qu'on appelloit les grands, avoit condamné aux humiliations, aux outrages, à une nullité politique absolue, venez au secours de la patrie qui vous a rétabli dans vos droits & qui vous a fait compter pour quelque chose dans la grande société.

Mais dans l'énumération que je viens de faire, sont compris les dix-neuf vingtièmes de la nation françoise ; le reste est cet assemblage de patriciens, de fanatiques, de sangsües publiques qui vivoient d'abus & qui remuent ciel &

terre pour les rétablir. Ne sont-ce pas là les pygmées qui veulent terrasser Hercule ? Oh ! citoyens, si nous souffrions que cette minorité imperceptible nous fît la loi, alors devenus l'objet de la risée & du mépris de tous les siècles, nous serions le peuple le plus vil de l'Univers, après avoir long-tems mérité de lui servir de modèle.

RUELLE, *Président.*

MIGEONNET, *Secrétaire.*

A BOURGES, de l'Imprimerie d'Augustin Manceron, Imprimeur de la Société des Amis de la Constitution, 1792.

www.ingramcontent.com/pod-product-compliance
Lightning Source LLC
Chambersburg PA
CBHW061226090726
47597CB00015B/3231